AF359624

DIRECTOIRE

A L'USAGE DES

RELIGIEUSES de N.-D. des MISSIONS

DIRECTOIRE

Religieuses de N.-D. des Missions

PREMIÈRE PARTIE

DES SUPÉRIEURES

LILLE

IMPRIMERIE DE LA CROIX DU NORD

—

1905

A. M. D. G.

A NOS CHÈRES MÈRES SUPÉRIEURES

de l'Institut de N.-D. des Missions

De notre monastère de Sainte-Ethelburga,
Deal (Kent) England.

NOS BIEN CHÈRES FILLES EN J.-C.,

La première partie du Directoire vous est destinée, à vous qui partagez avec nous les sollicitudes du gouvernement de notre cher Institut. Ce travail est un résumé de notes laissées par notre bien-aimée Mère Fondatrice; et aussi de nos propres observations, durant ces années de visites générales, de fondations et de développement dans les différentes missions où vous vous dévouez. Puisse ce Directoire, réservé aux Supérieures, leur fournir une ligne de conduite à suivre dans toutes les circonstances où elles peuvent se trouver, et les aider à remplir avec plus de perfection et de succès les devoirs qui leur incombent! Qu'elles se souviennent que le bonheur et l'avantage spirituel des Communautés sont ordinairement le fruit de leurs progrès personnels dans les vertus religieuses. Une bonne et sainte Supérieure édifie et sanctifie les âmes qui l'entourent, tandis que la décadence et la ruine de l'esprit religieux, en même temps que le désordre matériel et le désarroi des Œuvres peuvent trop souvent être attribués aux Supérieures qui remplissent négligemment leur tâche.

Nous avons donc confiance, nos bien chères Filles, qu'en lisant et méditant ces pages qui traitent de vos principales obligations, vous comprendrez toujours davantage ce que Dieu et l'Institut attendent de vous et qu'ainsi vous parviendrez au degré de perfection qui vous rendra des âmes fortes et généreuses au service du Seigneur.

En Le priant de vous remplir de son Divin Esprit, de bénir vos efforts, vos sacrifices et vos travaux, je demeure avec la plus profonde et religieuse affection,

Nos très chères Filles,

Votre très humble et dévouée Servante et Mère en J.-C.

MARIE DU SAINT-ROSAIRE

Supérieure Générale.

19 mars 1905.

DIRECTOIRE

A L'USAGE DES RELIGIEUSES DE N.-D. DES MISSIONS

PREMIÈRE PARTIE

DES SUPÉRIEURES

CHAPITRE PREMIER

Importance d'un Directoire

Quelque saintes que soient les Règles et les Constitutions d'un Institut, elles ne produiraient aucun fruit de sanctification si elles n'étaient pas observées. C'est aux Supérieures surtout qu'il appartient de veiller avec soin à leur exacte observance. Elles ont besoin pour cela de quelques règlements particuliers, qui les aident à s'acquitter de leur charge. C'est donc à elles que s'adressent ces premières Règles du Directoire.

Elles s'appliqueront avec zèle à les étudier et surtout à les mettre en pratique, comme étant des moyens que leur offre l'Institut lui-même. pour conduire les âmes dans les voies de la sainteté ou Dieu les appelle.

CHAPITRE II

Avis aux Supérieures

L'art de gouverner étant le plus difficile de tous les arts. il serait à désirer que les Supérieures fussent douées d'une expérience et d'une perfection consommées. Mais cette perfection ne se trouvant sur la terre qu'à un degré toujours inférieur. les Supérieures. sans se décourager à la vue de leur faiblesse et de leurs misères, se confieront en Dieu qui. en leur donnant les charges, leur donne aussi sa grâce. Puis elles s'efforceront d'entrer dans les dispositions et les vues qui leur seront indiquées et d'acquérir les qualités et les vertus qui leur seront marquées comme plus nécessaires. A cet effet. elles liront ces règles au moins quatre fois par an.

CHAPITRE III

But de la Supériorité

La supériorité a été établie de Dieu pour le bien des inférieurs. Le pouvoir est conféré aux Supérieures pour travailler au bien commun et non pour servir à leur orgueil. L'autorité dont elles sont revêtues n'est point une faveur dont elles doivent se réjouir. à moins qu'elles n'y découvrent le moyen d'y pratiquer une plus profonde humilité et un dévouement plus complet et plus parfait, selon la recommandation de Saint-Augustin : *que la Supérieure s'estime heureuse, non du pouvoir de commander, mais bien du bonheur de servir toutes ses Sœurs avec charité !*

C'est une charge pesante qui leur est imposée : c'est un office important qu'elles doivent remplir avec la plus grande diligence, et dont elles rendront un jour un compte rigoureux ; c'est un ministère plein de labeurs, de soins et de sollicitudes. Malheur à l'âme ambitieuse qui ne verrait dans la supériorité qu'un poste élevé, où elle pourrait briller avec plus d'éclat ! Malheur à celle qui changerait la fin de l'autorité pour la tourner à son profit : qui l'exploiterait pour la faire servir à son amour-propre, à sa vanité et à toutes ses convoitises ! Malheur aux mercenaires qui perdent les âmes au lieu de les sauver ! Bien différente est la conduite d'une Supérieure qui comprend sa mission et les desseins de Dieu sur elle : elle s'oublie elle-même, pour travailler à la sanctification des âmes qui lui sont confiées.

CHAPITRE IV

De la voie légitime pour arriver à la Supériorité

La seule voie légitime pour arriver à la supériorité dans les Communautés religieuses, c'est l'obéissance. Toutes les autres voies sont des voies détournées qui n'ont point l'approbation du Ciel, ni par conséquent ses bénédictions. On ne doit donc pas rechercher directement ni indirectement la supériorité ; on ne doit donc pas même la désirer. Ce désir seul, en l'absence de toute intrigue extérieure, serait un acte d'orgueil et de présomption, qui déplairait à Dieu et mettrait obstacle à l'effusion de ses grâces. Malheur à l'Institut de Notre-Dame-des-Missions si jamais la supériorité y était convoitée, poursuivie et envahie par intrigue ! Ne cesserait-il point alors d'être l'Institut de notre Très Sainte Mère, la Vierge Marie, la plus humble et la plus obéissante des créatures ?...

Mais s'il n'est pas permis de rechercher la supériorité, il n'est pas permis non plus de la refuser. Quand la voix de Dieu nous y appelle par la voix de nos Supérieurs, s'ils insistent après que nous avons fait nos humbles observations, il faut nous résigner, accepter le fardeau avec un grand dévouement et une sainte confiance en Dieu, commander enfin comme Marie et Joseph, par obéissance.

CHAPITRE V

Fonctions principales des Supérieures

1° La première fonction d'une Supérieure est d'éclairer les inférieures sur ce qu'elles ont à faire. Une Supérieure qui abandonne les âmes qu'elle a à diriger à leurs propres inspirations, à leurs propres conseils, à leur propre volonté, est une Supérieure nulle, indigne d'en porter le nom, et plus apte à perdre les âmes et les œuvres qu'à les faire fructifier pour la gloire de Dieu. L'anarchie s'introduira bientôt dans sa Communauté, et, avec elle, toutes les misères.

2° La seconde fonction d'une Supérieure est de veiller à tous les besoins spirituels et corporels de ses Sœurs, de les exercer et de les former, en vue de la fin qui leur est proposée et de l'emploi qui leur est confié; de leur fournir, enfin, tous les moyens de répondre à leur vocation et de s'acquitter convenablement de leur emploi. *« Celui qui veut la fin veut les moyens. »*

3º La troisième fonction d'une Supérieure est de donner l'impulsion. c'est-à-dire de faire avancer ses inférieures dans la voie qui leur est tracée par l'Obéissance. Une Supérieure qui. après avoir intimé ses ordres. ne veille pas à leur exécution. se trompe grandement si elle croit avoir satisfait à son devoir. Sans cette surveillance. ses ordres seront souvent mal compris ou mal exécutés. et personne n'y apportera remède.

CHAPITRE VI

Qualités des Supérieures

Les qualités des Supérieures doivent être en rapport avec les fonctions qu'elles ont à remplir.

Puisqu'elles doivent éclairer et diriger. il faut qu'elles soient douées d'intelligence. et surtout d'un bon jugement. La science spéculative ne suffit pas: on doit y joindre la science pratique. c'est-à-dire le tact et le savoir-faire unis à la science. Puisqu'elles ont à veiller aux besoins des inférieures. il faut qu'elles aient du cœur. qu'elles soient attentives à tout. pleines de bonté. de zèle et de dévouement. Puisqu'elles doivent donner en tout et partout l'impulsion nécessaire. il leur faut une volonté énergique. douce et persévérante.

Pour animer. soutenir et vivifier toutes ces qualités. la Supérieure sera une âme d'oraison. Comme elle est pour ses inférieures l'image de Dieu. elle sera intimement unie et comme identifiée à cette divine Providence qui gouverne tout avec une sagesse. une force et une bonté infinies.

CHAPITRE VII

Esprit de foi, de prière et d'adoration

Nous venons de voir, d'une manière générale, les qualités que doit posséder une Supérieure. Maintenant, il faut considérer en détail les vertus qu'elle doit pratiquer pour remplir saintement tous ses devoirs.

Le principe et la racine de toutes les vertus surnaturelles, c'est la Foi. Sans l'esprit de foi, une Supérieure exercera ses fonctions d'une manière tout humaine. Comment cela pourra-t-il suffire à la Religieuse, chargée de conduire ses Sœurs, non seulement dans les voies du salut, mais encore dans celles de la perfection, chacune selon les grâces et les desseins de Dieu sur elle? Comment pourra-t-elle réussir si elle n'emploie, pour remplir sa mission, que les moyens et les conseils suggérés par la sagesse et la prudence du monde? Si elle veut éclairer et diriger les autres Sœurs dans les voies surnaturelles, il faut que la foi soit toujours son guide et sa lumière. La foi lui enseignera comment elle doit exercer l'autorité de manière à procurer la gloire de Dieu et la sanctification des âmes. La foi placera sans cesse devant ses yeux les exemples de Jésus et de Marie, dont elle est la représentante, quoique indigne, et dont elle doit reproduire avec fidélité la vie et les sentiments dans sa propre conduite.

Une foi vive fera naître dans une Supérieure l'esprit de prière et d'adoration. La connaissance de sa propre faiblesse et de sa complète insuffisance la portera, en la présence de Dieu, à traiter humblement des intérêts spirituels et temporels qui lui sont confiés; son âme, alors, ne pourra manquer d'éprouver une certaine soif d'anéantissement, et d'adoration. C'est dans cet exercice de la prière qu'elle trouvera chaque jour les lumières pour éclairer ses voies, l'onction de la charité pour emflammer son cœur, inspirer ses paroles, lui communiquer une sérénité et une patience inaltérables au milieu des épreuves inhérentes à sa charge.

La Supérieure vraiment unie à Dieu se fera donc un devoir de vivre d'oraison et de prière. Elle présidera avec dignité et recueillement les exercices spirituels de la Communauté, ne s'en dispensant jamais qu'en cas d'urgence. Si elle a une question à résoudre, une affaire à traiter, elle consultera intérieurement le divin Époux qui est sa lumière, son guide et son appui. Vient-elle à pécher par ignorance ou par faiblesse, elle s'humiliera profondément devant Celui dont elle est l'indigne représentante: puis elle veillera avec plus d'attention sur sa conduite intérieure et extérieure, afin que sa faute n'ait pas de suites fâcheuses. Elle priera, d'ailleurs, chaque jour pour les âmes qui lui sont confiées, et particulièrement pour celles qui lui causeraient de la commisération, de l'ennui, de l'inquiétude, afin que ne se perde aucune des brebis dont elle doit prendre soin.

Une Supérieure réellement pieuse cherchera donc dans l'oraison et une étroite union avec Dieu, les lumières et le courage que réclame sa charge; elle y puisera la consolation dans ses peines, une force nouvelle au milieu des difficultés, et même le succès dans les Œuvres de zèle que l'Institut a confiées à sa sollicitude. Elle s'en reposera, le plus possible, sur les autres Sœurs du soin des affaires extérieures, tout en veillant cependant à ce que tout soit tenu dans un ordre parfait. Le grand mérite d'une Supérieure n'est pas de faire beaucoup par elle-même, d'accaparer tous les emplois; mais de savoir faire agir les autres membres de la Communauté, tirant parti de leurs diverses aptitudes et se réservant la haute direction des Œuvres, sans annuler personne et sans déployer une activité naturelle, qu'il ne faut pas confondre avec le véritable zèle.

Tous ces conseils sont contenus, en substance, dans la

lettre suivante adressée par le pieux et illustre Fénelon à une Supérieure de Communauté :

C'est dans la prière seule, dit-il, que vous trouverez le conseil, la douceur, la fermeté, le ménagement des esprits. C'est là que vous apprendrez à gouverner sans trouble. C'est dans le silence que Dieu vous ôtera votre esprit pour vous donner le sien. Il faut qu'il soit, Lui seul, tout en toutes choses. Quand Dieu sera tout en vous, Il atteindra d'un bout à l'autre avec force et douceur. Priez donc pour toutes choses, vous ne sauriez trop prier. Si vous décidez et si vous agissez sans prière, votre propre esprit vous agitera beaucoup, vous attirera beaucoup de contradictions, vous causera des doutes et des incertitudes très pénibles et vous vous épuiserez à pure perte. Mais si vous êtes fidèle à la prière, votre purgatoire se changera en un paradis terrestre, et vous ferez plus de bien en un jour dans la paix, que vous n'en faites en un mois dans le trouble.

CHAPITRE VIII

De la Douceur et de l'Humilité

La douceur, cette aimable vertu qui captive les cœurs, doit briller de tout son éclat dans une Supérieure. Le Divin Maître disait à ses disciples : *Les rois des nations exercent sur elles un empire despotique ; il n'en sera pas de même parmi vous : que celui qui gouverne soit le serviteur de tous.* Et ailleurs, Il leur faisait cette touchante exhortation : *Apprenez de moi que je suis doux et humble de cœur.* Il a placé cette bien-aimée vertu au nombre des huit béatitudes, et Il lui attribue la merveilleuse efficacité, non seulement de conquérir le Ciel, mais encore de posséder la terre par le charme qu'elle exerce sur les cœurs.

Une Supérieure s'appliquera donc à étudier et à reproduire en elle ce mélange de paisible, délicate et tendre considération pour les âmes, qui brillait en Jésus et Marie, captivait les cœurs et était en eux un secret d'attraction divine.

Cette douceur suppose l'humilité, qui en est la source. Une supérieure doit être humble, et plus humble à proportion de l'élévation de sa charge. Ses devoirs sont si multipliés et si difficiles à remplir qu'il lui sera impossible de s'en acquitter dignement, si Dieu lui-même ne la soutient par sa grâce. Or, Dieu donne sa grâce aux humbles et résiste aux superbes. Cette grâce puissante ne sera pas refusée à celle qui n'entre en fonctions que par la volonté divine et se méfie de ses propres lumières ; cette grâce la préservera de se laisser aller à la présomption et à la suffisance ; elle l'empêchera de donner accès dans son cœur à l'esprit de domination, d'obstination, de raideur et de sévérité outrée, esprit si évidemment opposé au saint Évangile, aux maximes et aux exemples de Jésus-Christ.

Une religieuse placée à la tête d'une Communauté doit avec le plus grand soin éviter tous ces défauts ; autrement, au lieu d'attirer sur elle et sur ses Œuvres les bénédictions du Ciel, sa conduite, comme celle des Pharisiens orgueilleux, ne mériterait que des anathèmes de la part du Divin Maître.

Ainsi le recommande Saint-Augustin : « *Que la Supérieure reçoive de ses Sœurs les honneurs dus à sa charge, mais que devant Dieu, elle se mette aux pieds de ses inférieures* ». Qu'elle ne s'estime pas plus que la moindre d'entre elles ; qu'elle conserve une volonté réelle de quitter la supériorité avec bonheur pour occuper la dernière place, quand le moment sera venu ; qu'elle n'oublie pas d'offrir sa démission au Conseil Général aux époques marquées par nos Constitutions. Toutes ses Sœurs la respecteront d'autant plus qu'elles verront en elle une humilité à la fois sincère et digne. Les âmes véritablement humbles ont bien plus d'influence et de force morale que les âmes orgueilleuses.

La Supérieure se pénétrera de cette pensée que, tenant dans sa famille spirituelle la place de Dieu et de Marie, notre aimable Mère, elle doit être remplie de leur esprit. Elle étudiera donc assidûment, et d'une manière pratique, comment se gouvernait la sainte Famille à Nazareth, et quels étaient plus tard les rapports de Jésus avec ses disciples, comment il exerçait sur eux son autorité et quelle était la douceur et la fermeté de son gouvernement. Elle étudiera aussi les rapports de Marie avec les saintes femmes et les premières vierges chrétiennes : elle se souviendra de traiter ses Sœurs avec les égards et dans l'esprit de cette humble et très douce Mère qui, en lui confiant la conduite de ses filles bien-aimées, la fait entrer en participation de sa maternité sainte.

CHAPITRE IX

De la Fermeté

Une humble douceur est bien nécessaire dans une Supérieure, mais il faut qu'elle soit accompagnée de la fermeté pour ne pas dégénérer en faiblesse. Une Supérieure qui commande pour le bien, et dans les limites de son autorité, doit absolument être obéie. Malheureusement l'amour propre, la lâcheté, la paresse sont là, pour empêcher les inférieures d'exécuter ses ordres. Si la Supérieure n'a pas une volonté forte, énergique pour vaincre les résistances, pour faire plier les volontés récalcitrantes devant la sienne, peu à peu, on méprisera son autorité, on ne tiendra plus compte de ses recommandations, et chacune marchera au gré de ses caprices. Quand l'anarchie a pris la place de la soumission et de l'obéissance, c'en est fait de l'esprit religieux dans une Communauté. Les meilleurs esprits ont besoin de sentir, et même de craindre, cette force et cette autorité d'une Supérieure, afin de ne pas se relâcher, ou pour revenir promptement à la Règle et au devoir, s'ils venaient à s'en écarter. Que de sujets d'abord pleins de bonne volonté, que de maisons religieuses autrefois édifiantes, ont dégénéré et même ont donné dans de déplorables écarts, pour avoir été sous le gouvernement de Supérieures qui, par mollesse ou par timidité, par excès de condescendance ou par défaut de zèle, ont manqué de la fermeté nécessaire pour prévenir et corriger les abus et les fautes !

Les Supérieures se rappelleront que le relâchement et les désordres où pourrait tomber leur Institut, ou leur Communauté particulière, leur seront imputés. Qu'elles veillent donc avec soin sur elles-mêmes, afin de ne pas se laisser séduire par le vain désir de plaire, ni paralyser par la crainte de déplaire à des âmes qui, plus tard, les maudiraient d'avoir négligé, à leur égard, le devoir d'une salutaire correction.

Elles observeront toutefois que cette fermeté qui fait tout mouvoir doit être comme un ressort caché, et qu'elle perd de sa force et de sa délicatesse si elle veut se produire au dehors, semblable en cela au corps humain dont le Divin Créateur a si habilement dissimulé l'ossature par toutes les grâces extérieures répandues à la surface du corps. Admirable modèle pour une Supérieure qui doit toujours, pour faire aimer sa fermeté, la couvrir des charmes de la douceur et de la charité !

CHAPITRE X

Du zèle pour la plus grande Gloire de Dieu et la Sanctification des Ames

Si tous les membres de l'Institut sont obligés de brûler d'un saint zèle pour la plus grande gloire de Dieu et la sanctification des âmes, c'est surtout à une Supérieure qu'il convient d'en être tout embrasée. Le Saint Zèle est l'esprit spécial de notre Institut : il doit inspirer toutes les démarches d'une Religieuse fidèle à sa vocation. La pensée du salut des âmes doit la rendre plus ardente à embrasser tous les sacrifices, plus attentive à sanctifier son esprit, son cœur, sa volonté, son extérieur, tout son être.

Désormais, comme une véritable épouse, elle prendra en mains les intérêts de son Divin Epoux : elle travaillera au salut et à la sanctification des enfants de prédilection qu'il lui confie : elle saura souffrir et se dévouer pour sa famille religieuse. C'est par la fidélité constante à tous les devoirs de son état que la Supérieure surtout peut et doit sauver les âmes. Son exemple entraînera vers la perfection les autres membres de la Communauté. A l'imitation de J.-C., elle doit être la servante et la pourvoyeuse de toutes ses Sœurs : elle ne pourra se refuser à aucune d'elles, quelque antipathie que lui fassent éprouver certains caractères.

La Supérieure, au milieu de ses Sœurs, doit être comme un flambeau pour montrer à chacune la route à suivre. Elle ne doit donc se dispenser d'aucun point de la Règle : elle les accomplira tous avec amour, avec respect. On fera ce qu'elle fera.

Par son recueillement à la prière elle apprendra à ses Sœurs comment il faut prier ;

Par sa démarche habituellement grave. sans être raide, comment il faut aller et venir ;

Par sa simplicité, sa loyauté. comment il faut agir ;

Par son affabilité. comment il faut se supporter. s'aborder et se parler ;

Par sa patience, comment il faut se modérer ;

Par sa résignation. comment il faut souffrir ;

Par sa charité prévenante et douce. comment il faut aimer ;

Par sa générosité. comment il faut se sacrifier ;

Par son silence. comment il faut se taire ;

Par son travail assidu. mais sans empressement, comment il faut employer et son temps et ses forces ;

Par sa régularité. comment il faut chérir la Règle ;

Par sa sobriété. comment il faut se mortifier ;

Par son détachement. comment il faut savoir se passer de bien des choses et être vraiment pauvre ;

Par sa docilité à se rendre aux avis des autres. comment il faut renoncer à ses propres idées. et pratiquer l'abnégation ;

Par son empressement à s'approcher de la sainte Communion et son profond recueillement durant l'action de grâces, comment il faut aimer la divine Eucharistie ;

Par sa constance enfin à continuer ce qu'elle a entrepris. malgré les obstacles. les oppositions. les insuccès. comment il faut persévérer.

Loin de chercher son plaisir. sa propre consolation. son repos, une Supérieure doit s'efforcer plutôt de procurer ces bienfaits à ses compagnes : elle doit sacrifier ses goûts. ses satisfactions, ses commodités. ses intérêts. sa vie même, s'il en était besoin. pour le salut des âmes dont elle a la charge. « *Le Bon Pasteur donne sa vie pour ses brebis* ».

CHAPITRE XI

Plusieurs autres qualités nécessaires au zèle d'une Supérieure, afin qu'il soit parfait dans ses voies comme dans son principe et dans sa fin.

Il ne suffit pas, pour une Supérieure, d'être animée d'un grand zèle, il faut encore que ce zèle possède certaines qualités sans lesquelles plus il sera grand, plus il l'exposera à commettre des fautes graves dans son administration et dans son gouvernement.

1° LE ZÈLE DOIT ÊTRE INTELLIGENT ET ÉCLAIRÉ. — Une Supérieure doit toujours agir avec une intelligence éclairée et une science convenable, autrement son zèle même la pourrait porter à de grandes méprises. Sainte Thérèse craignait les hommes peu instruits pour sa direction ; proportion gardée, une Supérieure qui n'aurait pas les connaissances et l'intelligence suffisantes serait exposée à donner des conseils sans discernement et sans clairvoyance ; trop souvent ses paroles seraient inconsidérées et peut-être même nuisibles. Sans doute le simple bon sens, aidé de la vertu, est souverainement appréciable, et dans une position inférieure, il est à sa place et peut faire le bien ; mais il ne suffit pas à celle dont la fonction est de diriger et d'éclairer les autres.

2° LE ZÈLE DOIT ÊTRE JUDICIEUX. — Le zèle d'une Supérieure doit encore être judicieux, pour apprécier les choses à leur juste valeur, avec un jugement sûr et droit. « *Tout le monde*, dit saint François de Sales, *se croit doué d'un bon jugement ; on avoue assez facilement qu'on manque de quelque autre qualité, mais celle-là, presque tous se flattent de la posséder, cependant elle n'est pas commune. Le jugement est souvent faussé par l'amour-propre, l'intérêt personnel, les antipathies et autres petites passions cachées, ou encore par les impressions qu'on reçoit d'autrui.* » De combien de maux peut être cause une Supérieure dont le jugement est faussé ! Dans combien d'inconvénients déplorables son zèle même ne la fera-t-il pas tomber ! Combien elle perd son crédit, quand ses inférieures s'aperçoivent qu'elle agit et parle sans circonspection ! Et si la Supérieure s'obstine dans son écart, quel triomphe pour les esprits indépendants ! Celle qui est, par sa charge, à la tête d'une Communauté, ne doit pas se croire infaillible ; elle devra toujours se méfier d'elle-même quand elle verra des personnes sensées lui laisser voir qu'elles pensent autrement qu'elle. Elle devra se tenir en garde contre l'entêtement et l'opiniâtreté, suite ordinaire d'un mauvais jugement et trop souvent aussi de l'habitude de commander.

3° LE ZÈLE DOIT ÊTRE CALME. — Il faut encore que les œuvres soient faites avec calme. Pour cela, une Supérieure fera bien de se tenir en garde contre certaines personnes qui aiment à rapporter ; car il est difficile que des rapports souvent exagérés, quelquefois malicieux, ne produisent pas sur son esprit de fâcheuses impressions, et ne l'exposent à des démarches imprudentes ou à des injustices, parce que ces sortes de rapports tendent à agiter et à bouleverser l'âme, de façon qu'il ne lui est plus facile de voir les choses dans la réalité ; et si l'on s'obstine à les juger dans ce même moment, on est en danger de se tromper beaucoup. Or, combien de maux peuvent en résulter !... « *Le diable pêche dans l'eau trouble.* » Le zèle qui est selon Dieu porte une âme à ne point agir quand elle se sent émue. Qu'une Supérieure, dans ce cas, reprenne le moins possible ; qu'elle attende que le calme soit revenu, surtout si c'est pour une affaire de quelque importance. Dieu bénira alors la détermination qu'elle prendra ; et la correction qu'elle fera avec un esprit plus paisible réussira bien plus sûrement. Autrement elle pourrait humilier davantage la personne qui est l'objet de son mécontentement, mais elle l'irriterait et rendrait l'amendement plus difficile.

4° LE ZÈLE DOIT ÊTRE CONSTANT ET IMPRIMER UNE CERTAINE UNIFORMITÉ A LA CONDUITE. — Ceci est de la plus grande importance pour toutes les Religieuses, mais surtout pour la Supérieure. Elle ne saurait trop se garder d'agir sous l'impression du moment, car alors son zèle mal ordonné pourra faire un mal regrettable. Un jour, elle sera enchantée de telle inférieure ou de telle manière de faire : elle l'exaltera à l'excès. Le lendemain, ou peu de temps après, son langage sera totalement changé : tout la révoltera dans cette inférieure, dans cette manière d'agir, etc. On dirait qu'elle a complètement perdu de vue ses premiers sentiments et qu'elle n'a aucun souvenir de ses propres paroles. Mais les personnes qui l'entourent ne les ont pas oubliées, et ne peuvent concevoir cette variation d'idées et cette inconstance d'enfant. De là, dans les subordonnées, les tentations de déconsidération, de mépris, peut-être même d'antipathie et d'aversion pour leur Supérieure. Au contraire, de quelle estime et de quelle affection ne jouit pas une Supérieure dont on peut dire qu'elle est toujours la même, toujours égale, jamais précipitée dans ses jugements, dans sa conduite ! Qu'elle ait des éloges à donner ou des réprimandes à faire, elle est toujours juste : personne ne peut être longtemps mécontent d'elle : la voix de la conscience générale ne peut manquer de lui rendre justice. Qu'une Supérieure soit donc attentive à ne rien décider et ne rien promettre, si ce n'est après mûr examen, dans le calme, dans une parfaite possession de soi-même, et sous l'impulsion de l'esprit de Dieu. Mais quand son parti a été pris, quand sa promesse a été donnée, qu'elle ne revienne pas sur sa décision sans de graves raisons.

5° LE ZÈLE DOIT ÊTRE IMPARTIAL. — Il sera bon à une Supérieure de faire de ce point une étude spéciale, afin d'éviter avec un soin extrême de se laisser aller à ses inclinations naturelles, au dépens de la tendresse maternelle qui doit s'étendre à toutes ses filles sans distinction : elle sera d'autant plus sur ses gardes qu'une des faiblesses des femmes est de vouloir occuper les autres d'elles-mêmes. Souvent, sans le savoir, elles sont jalouses d'obtenir l'affection de la Supérieure, ou du moins son attention, et cette jalousie les rend ombrageuses et susceptibles à l'excès. Certaines personnes, dévorées du besoin d'être aimées et préférées, deviennent intrigantes, dissimulées et fort habiles à se faire valoir, tout en dépréciant les talents et mérites des autres. Modestie feinte, empressement à rapporter, sous apparence du zèle pour le bien, tout ce qui se fait ou se dit, avec d'une affection trop sensible, etc. etc. il sera difficile à une Directrice de ne pas s'y laisser prendre... Pour peu qu'une inférieure de ce genre s'aperçoive qu'elle a fait naître dans le cœur de sa Supérieure quelque estime particulière, quelque sensibilité, elle ne pense plus qu'à ce premier succès : ses désirs, faibles d'abord, deviennent une vraie passion : elle fait naître les occasions, multiplie les nécessités de parler sans cesse à **notre Mère**, fallût-il pour cela feindre des ennuis, des maladies, des peines excessives... Or, qu'arrive-t-il ? La Supérieure consacre une bonne partie de son temps à la même personne, et s'occupe beaucoup moins des autres : elle perd peu à peu de sa considération : quelques Sœurs commencent à faire des remarques et à exprimer du mécontentement : les plus jalouses montrent leur dépit : bientôt toute une maison est en désarroi, le respect diminue, et la charité est singulièrement affaiblie en peu de temps...

Évidemment la Supérieure ne peut refuser de parler à une âme qui a vraiment besoin de conseils ; mais qu'elle se donne également de grand cœur à tous les membres de la Communauté et témoigne à chaque Sœur une bienveillance toute maternelle.

Qu'une Supérieure soit donc si délicate dans son zèle pour la plus grande gloire de Dieu et la sanctification des âmes, qu'elle ne souffre jamais d'être aimée pour elle-même. Ce serait un abus qui déplairait souverainement au Divin Epoux et produirait un plus grand mal qu'elle ne pourrait croire. D'ailleurs, l'expérience l'a montré, ces filles, privilégiées en apparence, de viennent presque toujours la source des plus grandes croix. Les meilleures Religieuses ne sont pas celles qui sont le plus souvent autour de la Supérieure ; mais plutôt celles qui observent le mieux la Règle en vue de Dieu seul.

Une Supérieure peut aimer d'un amour d'estime celles de ses filles qui le méritent par leurs vertus, mais encore que ce soit de telle sorte que les autres Sœurs ne puissent jamais en prendre ombrage.

<h2 style="text-align:center">CHAPITRE XII</h2>

Recommandations spéciales aux Supérieures touchant l'exercice du zèle

Une bonne Supérieure doit prendre soin de toutes ses Sœurs et procurer leur avancement spirituel autant qu'il est en son pouvoir. Néanmoins elle ne doit le faire que conformément aux instructions de la Sainte Eglise.

Pour cela elle doit connaitre parfaitement, lire à la Communauté une fois par an, et relire quelquefois en son particulier, le Décret de Notre Saint Père le Pape Léon XIII, Décret adressé à toutes les Congrégations. Le texte de ce Décret a été imprimé et donné à chaque Sœur pour être ajouté aux derniers feuillets de nos Constitutions. En voici un résumé :

1° Le premier point regarde ce qu'on appelle, dans les Communautés, **le compte de conscience** ou la manifestation de la conscience au Supérieur ou à la Supérieure.

Il supprime, pour les Instituts d'hommes où il n'y a point de prêtres et pour toutes les religieuses soit de vœux solennels, soit de vœux simples, l'obligation de rendre compte de leur conscience à leurs Supérieurs.

Il défend en outre aux Supérieurs d'exiger ou de conseiller cette ouverture de conscience n'importe par quel moyen.

Enfin, il permet aux religieux et aux religieuses qui le désireront de s'ouvrir à leurs Supérieurs, mais librement et spontanément.

2° Le second point concerne **le confesseur extraordinaire**.

Le Souverain Pontife veut que, outre les circonstances marquées dans la Constitution **Pastoralis Curæ**, de Benoit XIV, les Supérieurs accordent facilement un confesseur extraordinaire à leurs inférieurs, toutes les fois que ceux-ci en auront besoin pour le repos de leur conscience.

Il défend aux Supérieurs de s'enquérir du motif que l'on a de solliciter un confesseur extraordinaire — ou de témoigner le moindre ennui à une pareille demande.

Les évêques devront désigner plusieurs prêtres munis des pouvoirs nécessaires à proximité des communautés de femmes, afin que les religieuses puissent facilement recourir à eux.

3° Le troisième point regarde **la sainte communion**.
Tout ce qui concerne la sainte communion est remis à

la discrétion du confesseur ordinaire ou extraordinaire.

Les Supérieurs ne peuvent défendre la communion que pour les cas où depuis sa dernière confession, une religieuse ou un religieux aurait commis une faute grave externe ou aurait scandalisé la communauté.

Quant aux communions, en dehors de celles de règle, c'est au confesseur seul à les permettre, sauf au religieux ou à la religieuse à prévenir le Supérieur ou la Supérieure. Si les Supérieurs croient avoir de graves et justes raisons de s'opposer à ces communions plus fréquentes, ou même quotidiennes, ils devront les faire connaître au confesseur, au jugement duquel il faudra absolument s'en tenir.

Ce décret ne fait aucune mention du compte à rendre de la conduite extérieure, dans l'emploi et dans les observances régulières, il n'y fait aucune allusion. Tout demeure donc en l'état, pour l'extérieur, tel que l'ont réglé les Constitutions approuvées par l'Autorité Ecclésiastique compétente.

Au sujet de ce compte régulier, voici ce que disent nos Constitutions, qui ont eu le précieux avantage d'être approuvées par Notre Saint Père le Pape Léon XIII, à la date du 6 décembre 1890 :

« *Les Prieures doivent veiller à ce que les Constitutions soient fidèlement observées, même dans les moindres détails extérieurs, s'en faire rendre un compte exact tous les mois par chacune des Sœurs qui leur sont confiées.* » (Ch. 20, paragr. 2, art. 180).

Quant à la question de savoir si c'est la Sœur qui doit se présenter pour rendre son compte régulier, ou si c'est la Supérieure qui doit appeler chaque Sœur, il est dit que c'est plutôt la Supérieure qui doit amener cette entrevue, surtout lorsqu'il s'agit de Sœurs timides, ou de Sœurs à qui elle aurait quelque remarque à faire et qui ne viendraient pas d'elles-mêmes. Le jour de la retraite mensuelle semble tout indiqué pour ce compte régulier.

Il y a dans notre Institut une méthode suivie pour

habituer les jeunes Sœurs du noviciat à remplir avec régularité leurs exercices religieux. On les invite à passer régulièrement en revue ces exercices et à leur attribuer sur un tableau la note qu'ils méritent. L'expérience a démontre qu'après la Profession une Sœur peut continuer ce même examen avec beaucoup d'avantages et sans grand effort de mémoire. Une Supérieure peut l'indiquer à ses Sœurs ; elle en trouvera le détail à la fin de ce Directoire.

Une Supérieure n'oubliera pas qu'elle doit en conscience procurer à chacune de ses Filles le temps nécessaire pour ses exercices religieux. Si un travail pressé, si des occupations trop multipliées, empêchaient une Sœur de faire ses prières, méditation, visite au Saint-Sacrement, lecture spirituelle, etc., la Supérieure serait répréhensible de ne pas s'en préoccuper. Il y a des travaux qui peuvent être faits, au besoin, par des personnes séculières de confiance ; mais qui peut remplacer une Religieuse dans l'accomplissement de ses exercices de piété et de ses devoirs d'état ?

CHAPITRE XIII.

De la Prudence et de la Discrétion

Parmi les vertus d'une Supérieure, une des plus nécessaires est sans contredit la prudence. Sans elle, en effet, les qualités les plus précieuses peuvent néanmoins dégénérer en défauts, et rendre inutiles les meilleures intentions. C'est la prudence qui enseignera l'art difficile de gouverner et guidera la Supérieure dans l'exercice de ses fonctions. Ennemie de tout excès, la prudence lui montrera les écueils, et la fera marcher sûrement dans ce juste milieu qui est le partage de la vertu et de la vraie sagesse.

Elle lui fera choisir le meilleur parti à prendre et les moyens les plus efficaces pour réussir.

Dans les choses importantes surtout, la Supérieure évitera avec soin l'aveugle précipitation, et, ne se confiant pas trop à ses propres lumières, elle aura recours à celles de ses conseillères, et ne décidera qu'après un mûr examen. Une fois la décision prise, elle l'exécutera avec une fermeté invincible : car l'inconstance n'est pas moins opposée à la prudence que la précipitation. Une personne qui, semblable à la girouette, tourne tantôt d'un côté et tantôt de l'autre, sous l'impression du moment, manque d'intelligence ou de caractère et se montre incapable de gouverner.

Un autre défaut opposé à la prudence est le manque de discrétion. Une Supérieure qui ne peut garder un secret, qui n'a pas une certaine réserve dans ses paroles, qui dit toujours tout ce qu'elle sait et tout ce qu'elle pense, compromettra infailliblement son autorité et perdra bientôt la confiance de ses Sœurs : celles-ci ne lui diront plus que ce qu'elles ne sauraient cacher. Il est donc bien important que la Supérieure se fasse une loi de parler peu et de consulter souvent l'esprit de Dieu. Qu'elle se souvienne qu'il lui est difficile de parler beaucoup sans tomber dans de nombreuses fautes, et sans en faire commettre aux personnes qui l'entourent. En effet, son administration n'étant pas secrète, sera pleine d'imprudences et fera naître beaucoup de mécontentements. Ses desseins, connus d'avance, seront souvent traversés, et peut-être même rendus impossibles. Qu'elle se garde de faire légèrement des confidences : tout ce qu'elle aura dit sans discernement sera répété, publié, dénaturé, et pourra faire surgir dans la Communauté, voire même dans l'Institut, des murmures, des tentations d'opposition, peut-être des désirs de vengeance, des rancunes, etc., déplorables conséquences de communications indiscrètes.

Il est nécessaire qu'une Supérieure soit également aimée et respectée; sans cela, dans l'ordre ordinaire des choses, elle fera fort peu de bien. Or, afin d'inspirer cette estime et ce respect, elle doit être très circonspecte dans ses paroles et dans ses actes: car elle est en spectacle à Dieu, aux anges et aux hommes: tous les yeux sont fixés sur elle. Qu'elle soit donc grave et discrète dans toute sa conduite: avec simplicité toutefois et sans affectation. Qu'elle dise souvent intérieurement: « O Seigneur, mettez une garde à ma bouche et une porte à mes lèvres, afin qu'elles ne s'ouvrent que par votre ordre... »

Pourtant, la discrétion, fille de la prudence, n'est pas la dissimulation. Il y a des circonstances où l'on doit aux Sœurs toute la vérité, et il ne faut pas qu'on puisse, à juste titre, accuser une Supérieure de manquer de sincérité et de franchise: ce serait là un grave défaut qui sèmerait également la défiance, en faisant planer sur ses paroles et sur toute sa conduite une incertitude funeste.

Une Supérieure animée de l'esprit de Dieu n'évitera pas avec moins de soin les ruses, les finesses et les artifices d'une prudence politique et toute mondaine. Cette fausse sagesse ne peut que nuire au succès de ses œuvres. Les gens du monde eux-mêmes sont étonnés et scandalisés de la rencontrer dans une Religieuse, parce que sa profession lui recommande impérieusement la simplicité, la droiture et la loyauté.

La Supérieure n'oubliera pas que la prudence est à la fois un don de Dieu et le fruit de l'expérience. Elle s'efforcera donc d'acquérir tous les jours cette précieuse connaissance des hommes et des choses: elle profitera même de ses fautes et de ses méprises pour s'instruire et les faire tourner à son profit. C'est ainsi qu'avec la grâce de Dieu, les lumières de son Esprit-Saint, et l'aide de l'expérience, elle apprendra peu à peu l'art si difficile de conduire les autres.

CHAPITRE XIV

De l'obéissance aux premiers Supérieurs

Outre les points signalés dans les chapitres qui précèdent, il y en a encore de très importants, et qui doivent attirer toute l'attention d'une Supérieure. D'abord, celui de la parfaite soumission à ceux et celles qui sont au-dessus d'elle.

Dieu, qui a établi une admirable hiérarchie parmi les êtres qu'il a créés, a suivi la même voie pleine de sagesse dans l'organisation du pouvoir. Tout en le divisant et en le communiquant plus ou moins aux différents Supérieurs, selon l'étendue de leurs fonctions. Il a voulu que ce pouvoir restât toujours dans l'unité, comme les anneaux d'une seule et même chaine qui s'unissent et se fortifient entre eux.

Une Supérieure qui a bien compris cette disposition providentielle, au lieu de chercher à briser les liens qui rattachent son autorité à celle de ses premiers Supérieurs, s'efforcera, au contraire, de les resserrer autant que possible. Ne craignant rien tant que certaines tendances au schisme, qu'on rencontre parfois parmi les personnes s'occupant de bonnes œuvres, mais qui ont leurs idées propres et une antipathie plus ou moins accentuée contre toute autorité, elle se montrera d'autant plus fidèle à conserver l'esprit et l'amour de son Institut.

Toutes ses paroles et toutes ses actions témoigneront donc hautement de l'estime, du respect, de l'affection et de l'obéissance dont elle est pénétrée envers ceux qui sont au-dessus d'elle et dont elle est la représentante. Jamais elle ne laissera percer à leur égard ni défiance, ni plainte, ni murmure, et elle ne souffrira pas non plus que les autres en parlent avec moins de considération. Bien loin de s'offusquer des rapports de ses Sœurs avec les premiers Supérieurs et de chercher à les entraver, elle les portera à correspondre librement avec eux. Elle-même se fera un bonheur, encore plus qu'un devoir, de leur ouvrir son cœur, de leur faire souvent part de ses peines, comme de ses joies, des difficultés qu'elle éprouve et des moyens qu'elle emploie pour les surmonter, de ses succès et de ses revers, en un mot, de tout ce qui la regarde et de toute son administration. Cette conduite pleine de franchise, de confiance et d'abandon avec les premiers Supérieurs, lui conciliera leur estime, leur affection et leur dévouement. Ils ne négligeront rien pour l'éclairer dans ses doutes, la consoler dans ses peines, la soutenir dans ses épreuves et lui venir en aide, autant que possible, en toutes circonstances.

En parlant et en écrivant, la Supérieure évitera, plus encore que les autres Sœurs, d'user des termes: je, moi, mon, ma, mes, miens, miennes, et de toute expression qui pourrait faire supposer qu'elle s'approprie ou s'attribue quoi que ce soit, car s'il y a quelque chose de plus admirable que le dévouement personnel, c'est l'humble abnégation de soi-même.

La Supérieure prendra garde que l'habitude du commandement ne la rende trop indépendante et opiniâtre dans sa manière de voir, trop exclusive dans l'intérêt de sa maison particulière, etc. Mais dans les occasions les plus pénibles, après avoir fait modestement les représentations qu'elle croit devoir faire, elle montrera elle-même une obéissance d'enfant. Sachant par sa propre expérience que les Supérieures sont bien loin de pouvoir faire tout ce qu'elles voudraient, elle sera plutôt disposée à les seconder et à entrer dans leurs intentions. Si les Sujets qu'on lui donne laissent beaucoup à désirer, au lieu de se troubler et de se décourager, elle s'efforcera d'en tirer le meilleur parti possible. Se souvenant de la douceur de Jésus-Christ au milieu de ses Apôtres grossiers et pleins de défauts, elle ranimera son zèle, redoublera de patience, de soin et de dévouement pour les corriger, les former et les rendre capables de devenir à leur tour très utiles à l'Institut.

Une Supérieure qui se montrera ainsi, dans toute sa conduite, respectueuse, docile et dévouée, sera la joie et la consolation de ceux qui sont au-dessus d'elle. D'autre part, en allégeant leur fardeau, elle diminuera le sien, car pour récompenser ses saintes dispositions, Dieu, dans sa bonté, les communiquera à ceux qui sont au-dessous d'elle, afin qu'il lui soit facile de commander, comme il lui est doux d'obéir.

Cette filiale obéissance sera aussi, pour les Œuvres dont elle est chargée, une source de bénédictions divines ; elle servira beaucoup plus efficacement à en assurer le succès que ne pourraient le faire les talents et le savoir-faire, mais moins de vertu.

CHAPITRE XV

De la régularité et du bon exemple

Une Supérieure doit se faire remarquer par une parfaite régularité, observant la première ce qu'elle exige des autres. Si elle n'y veille point, elle ne manquera pas d'occasions où les travaux et les embarras de son administration la dispenseront en apparence de l'observation exacte de la Règle. Qu'elle se tienne aussi en garde contre certaines sœurs qui, pour lui faire la cour ou par un intérêt mal entendu, lui répéteront sans cesse que sa santé est délicate, qu'on a besoin qu'elle se soigne, etc. Elle trouvera tout préparés mille petits soins : on fera tant d'instances, qu'il lui sera difficile de résister et ne pas croire qu'en effet tout cela lui est nécessaire. Et voilà comment, pour peu qu'elle s'y prête, la délicatesse et le relâchement s'introduiront dans sa conduite et par là, dans celle de ses inférieures. Quelques-unes l'imiteront ; d'autres pourront penser qu'elles ne sont pas si bien traitées, ni si bien soignées qu'elle ; qu'on ne les exempte pas aussi facilement du travail ou des exercices, etc. Alors, que deviendra la régularité ? La Supérieure osera-t-elle et pourra-t-elle, avec fruit, recommander à sa Communauté la ponctualité, la mortification et le respect pour les observances, quand elle-même s'en dispensera si aisément ?

En toutes choses, la voix de l'exemple est la plus éloquente. Qu'une Supérieure fasse donc éclater la vérité et l'ardeur de son zèle par une pratique toujours plus fidèle et plus parfaite de la Sainte-Règle. Qu'on la voit accourir la première où la cloche l'appelle, se faire un bonheur de cette exactitude et vraiment souffrir, quand ses occupations ou ses infirmités la mettent accidentellement en dehors des exercices de communauté. Ce sera pour elle le moyen le plus efficace de stimuler ses filles et de les conduire à une régularité soutenue.

Le bon exemple a la même influence pour la pratique de toutes les autres vertus religieuses. La Supérieure, placée sur le chandelier, n'y est pas seulement pour éclairer ses Sœurs, en leur indiquant la voie de la perfection, mais encore pour les animer à y marcher, par la sainteté de sa vie. Il faut qu'elle puisse dire : « Faites ce que je fais. » À quoi serviraient, en effet, les paroles, si elles étaient démenties par les exemples ? — Pour éviter une flagrante et honteuse contradiction, une Supérieure relâchée dans sa conduite deviendra excessivement indulgente pour les défauts des autres ; elle fermera les yeux sur leurs manquements, pour que ses inférieures lui pardonnent les siens, et elles marcheront ainsi de concert dans le chemin du relâchement et de la tiédeur.

C'est à une Supérieure surtout de craindre de scandaliser les petits et les faibles. Qu'elle s'efforce plutôt, par la puissance de son bon exemple. de les élever vers ce qu'il y a de plus parfait : qu'elle les attire et les stimule tous. par sa modestie et sa piété. à l'imitation de Marie, notre bien-aimée Mère. et à la reproduction, dans leur âme. de ses éminentes vertus.

Une Supérieure doit principalement donner à ses Sœurs l'exemple d'un attachement inébranlable envers son Institut. montrant en toutes circonstances un dévouement généreux aux Œuvres. ainsi qu'une affectueuse sollicitude pour le bien spirituel de sa famille religieuse. Elle conservera avec soin cet esprit dans les Sœurs qui sont immédiatement sous sa direction. leur inspirant toujours un grand amour de leur sainte vocation et une fidélité inviolable aux vœux sacrés qui les y attachent.

Si. par malheur. une Supérieure avait perdu l'amour de son état. si sa vocation était devenue chancelante. comment ne communiquerait-elle pas. même s'en sans apercevoir. son malaise funeste. devenant pour ses Sœurs une pierre d'achoppement et un principe de ruine ?.

CHAPITRE XVI

Du Maniement des esprits et de la Correction des abus

Rien de plus important ni de plus difficile que le maniement des esprits. Pour y réussir il faut certainement beaucoup de tact et une connaissance suffisante des personnes et des choses. Il faut se souvenir aussi que l'homme ici-bas est sujet au changement. qu'il n'est fixe invariablement ni dans le bien ni dans le mal.

Que le jugement d'une bonne Supérieure. comme celui de Dieu. suive d'un œil perspicace et charitable la conduite des inférieures. En mère attentive et pleine de sollicitude, elle doit observer les paroles, les actes, le caractère des sujets qui lui sont confiés. Elle ne se hâtera pas de condamner ce qui lui parait défectueux. Elle se souviendra qu'une Supérieure à idées fixes et à jugements trop tenaces tombe nécessairement dans un optimisme ou un pessimisme funestes. Tantôt elle se croira assurée pour toujours de la vertu d'une Sœur, et cessera de veiller sur elle et de la diriger dans ses démarches ; elle apprendra peut-être par une triste expérience que toute créature humaine est exposée à faillir. Tantôt, au contraire, elle se persuadera qu'une autre est incorrigible, et dans cette fâcheuse pensée, elle ne prendra plus aucun moyen pour lui faire peu à peu reconnaitre ses défauts et la ramener dans la bonne voie. Et pourtant, s'il a plu au Seigneur de faire les nations guérissables, à plus forte raison les individus.

Mais combien ne faut-il pas de tact, de patience, de discernement et de charité pour appliquer un remède efficace aux infirmités spirituelles ! La Supérieure doit s'animer d'un zèle pur pour la gloire de Dieu, et ne chercher vraiment que le plus grand avantage des âmes confiées à sa sollicitude. Elle saisira le moment favorable pour la correction ; car le Saint-Esprit a dit : *Il y a un temps pour parler et un temps pour se taire.* Il y a d'abord un temps pour garder le silence, pour réprimer toute impatience, toute émotion trop vive, pour examiner devant Dieu le meilleur moyen de faire une réprimande qui produise d'heureux fruits, et le prier de toucher de sa grâce le cœur de celle qu'elle désire, d'une main vigoureuse et douce, remettre dans le droit sentier.

Notre Divin Maître nous a donné l'exemple de cette sage temporisation, pour instruire et corriger le prochain, quand il disait à ses disciples : *J'ai encore beaucoup de choses à vous dire, mais vous n'êtes pas capables de les porter.* Saint Paul, il est vrai, dit qu'il faut insister à temps et à contre-temps ; mais, comme le remarque saint Grégoire, l'importunité doit être réglée par la prudence, et avoir par là son opportunité.

Puis, quand l'heure est venue, pour bien faire la correction, il faut imiter une tendre mère qui, pour faire prendre à son enfant malade un breuvage amer, trouve dans sa bonté le moyen de déguiser l'amertume du médicament ; ainsi, la Supérieure, pour adoucir le reproche toujours pénible à l'amour-propre, aura soin de l'assaisonner de paroles pleines d'onction, de charité et de dévouement. Il est bien rare qu'une réprimande faite dans de telles conditions ne soit pas profitable. Il faudrait que la personne qui a failli fût bien mauvaise, bien endurcie dans le mal, pour repousser une main maternelle qui cherche à la relever. C'est un malheur pour une maison quand celle qui en a la charge n'ose pas, ou ne sait pas reprendre ses inférieures et corriger, soit en particulier, soit en public, les abus qui se glissent dans la Communauté.

Sans doute une Supérieure ne peut pas espérer réussir dans toutes les entreprises de son zèle, et voir tous ses efforts pour le bien couronnés de succès. Quelquefois elle rencontrera des déboires et des mécomptes. Qu'elle ne perde pas courage néanmoins : qu'elle accomplisse son devoir avec énergie, constance et bonté ; qu'elle sache prier, attendre et souffrir pour les âmes : qu'elle s'efforce de *vaincre le mal par le bien*. Qu'elle médite en son particulier l'article 104 de nos Constitutions : « *Les Supérieures garderont toujours, dans les avertissements et les pénitences qu'elles donneront, la gravité, la prudence, la douceur et la discrétion convenables, se rappelant que leur office est de conduire les âmes à l'amour parfait et par le chemin de l'amour. C'est pourquoi tout en elles devra porter l'empreinte d'une profonde charité et d'une sainte affection pour leurs Sœurs. Cependant, elles auront aussi la fermeté nécessaire pour ne pas permettre que Dieu soit offensé et que le désordre règne dans la maison du Seigneur* ».

CHAPITRE XVII

De l'établissement et de la Direction des Œuvres surtout dans les Missions étrangères.

Notre vocation de Religieuses-Missionnaires demande que, pour conserver dans des milieux tout différents, l'uniformité de nos usages et l'unité d'esprit, les Supérieures se mettent parfaitement au courant de la marche à suivre dans la fondation et la direction des Œuvres.

Fondations. — On ne fait aucune fondation dans les localités où la Règle ne peut pas être mise en vigueur; car si les Sœurs se proposent de travailler à la sanctification des âmes, elles ne doivent pas exposer la leur au danger de se perdre.

Dans une nouvelle fondation, le premier soin de la Supérieure sera de solliciter, avec ses Sœurs, la bénédiction de l'Evêque du diocèse. Puis, la petite Communauté préparera un Oratoire ou Chapelle afin d'y avoir la Sainte-Réserve selon la permission donnée à Rome, permission qui doit être ratifiée par l'Ordinaire. Le Très Saint Sacrement sera leur consolation et leur vie; son atmosphère toute puissante aura une grande efficacité pour éloigner le démon et attirer les bénédictions célestes sur le nouveau monastère.

On établira, le mieux possible, les lieux réguliers dans la maison ; on prendra une exacte connaissance des Œuvres dont on devra s'occuper, et toutes les Sœurs s'y prépareront par une retraite de quelques jours; suivie de la rénovation des vœux entre les mains de la Supérieure.

Direction. — Que nos Sœurs, surtout les Supérieures, ne s'imaginent pas qu'en Mission on soit autorisé à demander beaucoup de dispenses à la Règle et aux usages de l'Institut. Qu'elles s'appliquent dès le début à les mettre en pratique à mesure que les occasions se présentent. Nos Constitutions ont été préparées et arrêtées avec le plus grand soin, par notre vénérée Mère Fondatrice ; puis elles ont été examinées, pesées et approuvées par la Sainte Eglise : donc, que l'on se tienne en garde contre les personnes qui disent qu'en Mission, les Règles ne peuvent pas s'observer, qu'il faut des dispenses, etc. Tout a été prévu par les Supérieures : nos Règles ont été composées et approuvées en vue des Missions étrangères ; on peut les observer fidèlement sans nuire aux Œuvres.

La porte extérieure de nos monastères sera toujours fermée, afin que personne ne puisse entrer sans frapper ou sonner. On ne doit pas admettre les étrangers le soir après sept heures en hiver, et huit heures en été.

On doit faire clore aussitôt que possible, dans les nouvelles fondations, un espace de terrain pour le jardin des Sœurs. Les murs ou barrières de clôture doivent avoir au moins deux mètres d'élévation.

Les clés de la maison sont à la garde de la Supérieure, qui s'assure que chaque soir elles lui sont rendues, et que toutes les portes sont bien fermées. La clé de la boîte aux lettres sera toujours entre ses mains ; mais cette clé sera remise à la Très Révérende Mère Générale ou Provinciale, ou leurs déléguées, dès leur arrivée au Monastère.

La visite canonique est celle que N.N. S.S. les Evêques, en vertu de leur juridiction, font dans toutes les Communautés religieuses non exemptes qui existent dans leurs diocèses. Cette visite des Prélats, quand ils daignent la faire, est à la fois un grand honneur et une faveur signalée, une marque de la sollicitude de la Sainte Eglise envers les Epouses de Jésus-Christ. Aussi les Supérieures locales recevront-elles avec autant de respect que de soumission et de reconnaissance, l'Ordinaire diocésain ou son délégué.

Elles écriront à l'Evêque du diocèse une ou deux fois chaque année, lui donnant une idée générale des Œuvres et de l'état de leur monastère.

Chaque Supérieure correspond avec la Très Révérende Mère-Générale tous les mois pour lui rendre compte de ce qui s'est fait dans sa Communauté, de la manière dont la règle a été observée, et dont chaque Sœur s'est comportée, des progrès réalisés dans les Œuvres, etc. Elle lui soumet aussi les projets et les difficultés, s'il y en a. Les Supérieures locales s'adressent à la Révérende Mère-Provinciale, ou Vicaire, pour les dispenses et autres permissions ordinaires; et celle-ci traite directement avec la Supérieure-Générale pour tout ce qui concerne les maisons de sa province.

La Supérieure se conformera en tous points à nos usages concernant les visites à faire ou à recevoir et à l'observance de notre demi-clôture. Elle sera toujours accompagnée de la Sous-Prieure ou d'une Sœur, pour recevoir les étrangers au parloir ou les introduire dans les appartements destinés aux élèves. Et, si elle doit parler seule, elle se rendra au parloir à grille. Il n'est pas permis de mettre des pianos dans les parloirs.

Il est défendu aux Supérieures de veiller ou de laisser veiller les Sœurs sans une permission spéciale, excepté deux fois par an, pour des travaux urgents, s'il y en avait.

La Supérieure sera très vigilante à ne laisser pénétrer dans la Maison aucun journal ou livre suspect; elle aura soin de brûler immédiatement tous ceux qui lui paraîtront dangereux pour la foi ou les mœurs.

Les récréations au réfectoire ne doivent pas être fréquentes. (Se conformer au tableau des **Deo gratias**).

A l'occasion de la fête de la Supérieure, si des élèves ou des congréganistes se cotisent entre elles pour offrir quelque présent, que ce présent soit un objet de peu de valeur et qui serve à l'ornementation de la chapelle. Si cet usage n'est pas établi, il vaut mieux ne pas l'introduire.

Les Sœurs ne font rien acheter sans une permission préalable. Il ne leur est pas permis de garder de l'argent, ni d'accepter les cadeaux des élèves.

La coutume a prévalu parmi nous, dès le commencement, de confier le soin de la caisse locale à la Supérieure de chaque maison. C'est elle qui en tient compte sur les registres, suivant les règles très simples de notre comptabilité. La Supérieure se sert de l'Econome (appelée chez nous **Dépensière**) pour faire les achats nécessaires à l'entretien du personnel et des Œuvres. Tout ce que les Sœurs reçoivent est donc remis à la Supérieure, qui conserve en des bourses séparées, s'il le faut, l'argent destiné à des œuvres particulières, afin de respecter les intentions des donateurs et d'en faire l'usage demandé.

Au sujet des dépenses, il est bien compris que, loin de disposer de l'argent ou des objets dont elle a la garde, suivant son goût et pour son usage personnel, la Supérieure se fera un scrupule de se contenter pour sa nourriture, ses vêtements, ses besoins en cas de maladie, de ce qui est accordé aux autres membres de la Communauté. — Si les recettes étaient assez abondantes, dans certaines localités, pour couvrir aisément les dépenses ordinaires, on se souviendra que l'excédent ne peut pas être employé à des achats de meubles, à des réparations utiles, etc., sans l'assentissement de la Mère-Provinciale ; et, au-delà de 500 francs (liv. st. 20), sans l'autorisation de la Supérieure-Générale ; celle-ci jugera si les améliorations projetées sont vraiment urgentes, ou si les ressources ne seraient pas mieux employées à soutenir les Maisons pauvres et les fondations nouvelles.

Il faut une permission de la Très Révérende Mère-Générale pour emprunter soit du dehors, soit d'un de nos Monastères.

CHAPITRE XVIII

Avis pour les Ecoles, les Pensionnats, et les diverses œuvres de nos Monastères

La Supérieure doit veiller attentivement au bon ordre de la Maison qui lui est confiée. Elle apportera un soin raisonnable à la santé des Sœurs : verra à ne pas leur imposer un travail au-dessus de leurs forces : à leur fournir la nourriture et les adoucissements nécessaires, sans recherche et sans parcimonie. Elle usera de bonté envers tout le monde, mais particulièrement envers les Sœurs malades ; elle s'empressera de les visiter au moins une fois par jour et leur adressera cette parole de bienveillance qui, unie aux petits soins, encourage celles qui souffrent et les soutient dans le cours de leur épreuve.

Au moins une fois par mois, la Supérieure fera la visite complète des emplois et de tous les appartements, cellules, dortoirs, etc. Elle tiendra exactement son Conseil chaque mois, et les procès-verbaux en seront rédigés soigneusement. Une copie en sera envoyée à la Très Révérende Mère-Générale, et une autre à la Révérende Mère-Provinciale. Il en sera de même pour les comptes. Les Prieures doivent les envoyer chaque trimestre : le nom du monastère s'inscrit au haut de la balance, la date et la signature de la Supérieure se mettent au bas.

Toute proportion gardée, il faut apporter au temporel la même surveillance qu'au spirituel : puisque c'est la volonté de Dieu, et que trop souvent, dans les Communautés, le spirituel en dépend. La Supérieure veillera aussi à ce qu'un bon esprit règne parmi les Maîtresses et les élèves. Elle insistera sur les bonnes manières, la tenue convenable et la piété des pensionnaires; elle prendra soin que celles-ci ne se mêlent pas à la Communauté, qu'elles n'aient pas de communication avec le dehors, que les Sœurs les suivent constamment de leur sollicitude.

A quelque rang que les élèves appartiennent, elles doivent toujours être traitées avec bienveillance et délicatesse. Quand il est nécessaire de recourir à la sévérité, il faut savoir rester digne et user à propos d'une indulgence qui modère et gagne les âmes. La Supérieure veillera à ce que les Maîtresses ne se permettent pas de rudoyer ou de frapper les enfants, à ce qu'elles ne leur imposent aucune pénitence qui puisse compromettre leur santé, ou troubler l'ordre de la maison. On ne revient pas deux fois sur une faute qui a été reconnue et réparée: mais on tient compte des moindres efforts faits pour se corriger. Autant que faire se peut, les élèves doivent être stimulées par des encouragements et des témoignages de satisfaction. C'est un excellent usage de donner une décoration à celles dont la conduite a été pleinement satisfaisante pendant la semaine. La Supérieure préside elle-même les Dominicales, et distribue les louanges et les blâmes selon qu'on les a mérités.

La Supérieure s'efforcera de bannir le luxe et la vanité dans les ajustements. Elle s'assurera que les Maîtresses donnent sérieusement leurs leçons suivant les programmes adoptées: sans négliger l'instruction religieuse dans chaque classe, au moins une fois par semaine; elle en prendra même la charge, si ses occupations le lui permettent. Est-elle obligée de se faire remplacer par une de ses Sœurs, elle prendra soin que les instructions soient préparées et régulièrement données, se rappelant qu'il y a là pour elle une grave responsabilité. Les élèves doivent recevoir des explications bien claires sur les fêtes de l'année, pour les disposer à les célébrer pieusement. On les portera à la fréquentation des sacrements, et s'il est possible, on leur procurera dans le cours de l'année le bienfait d'une retraite de trois jours.

On cultivera avec piété et persévérance les Associations des Saints-Anges, de la Très Sainte Vierge, du Sacré-Cœur, etc. On pourra solemniser certaines grandes fêtes par une procession dans le clos, une Adoration, une Bénédiction du T.-S. Sacrement, auxquelles les élèves prendront part revêtues de leurs insignes.

A l'occasion de la première communion, la Supérieure fera écrire par les enfants une lettre au *Révérend Père*, en témoignage de leur respect et de leur gratitude. Elle le priera de venir bénir ces enfants dans l'école qui sera ornée avec goût et simplicité. Lors de sa fête, on préparera une séance récréative, au cours de laquelle les élèves lui exprimeront leurs vœux et leur reconnaissance. Cette séance pourrait être suivie de la bénédiction du Saint-Sacrement, si le Révérend Père l'approuvait.

Il a été convenu que, pour les écoles mixtes, nos Sœurs se chargeraient des jeunes garçons, mais qu'une personne de confiance, étrangère à l'Institut, s'en occuperait en dehors des heures de classe et de récréation, et cela dans des appartements tout à fait séparés. En cas de maladie grave, ces enfants pourront être transportés dans une infirmerie spéciale et y recevoir les soins de nos Sœurs.

Les Sœurs peuvent accepter la direction d'un Patronage le dimanche, d'un Ouvroir après les classes et durant les vacances, et même d'une école ménagère.

Il leur est interdit de prendre par elles-mêmes la direction d'une sacristie ou de se charger de la décoration d'une église de paroisse ; mais elles peuvent, dans l'intérieur de la communauté et selon la mesure du possible, confectionner, blanchir et réparer le linge d'autel, entretenir les ornements et les fleurs, etc. Telles sont les instructions formelles données à cet égard par notre vénérée Mère Fondatrice. Cependant, à cause du dénûment dans lequel le Très-Saint Sacrement est laissé dans quelques églises pauvres des Missions, il a été statué au Chapitre général (août 1903) que les Mères provinciales pourraient demander à notre T. R. Mère Générale une dispense en faveur des localités dépourvues de tout. Les Sœurs, dans ce cas, s'efforceront de former une personne de confiance capable d'être employée utilement au service intérieur de l'église ; sinon deux d'entre elles seraient désignées pour remplir cet office.

Il est bon de recommander, à cette occasion, d'user toujours d'une grande discrétion soit avec les élèves soit avec les étrangers ; et de ne jamais s'ingérer dans les affaires de la paroisse ou des familles.

La Supérieure peut permettre aux Sœurs d'exercer les jeunes filles pour qu'elles chantent à l'église, à la condition que ces exercices aient lieu à l'école ou au monastère. En ce qui regarde le chant à l'église, les Sœurs ne s'en occupent que si ce sont leurs élèves qui en sont chargées. Encore s'efforcent-elles de former au plustôt une des jeunes filles pour tenir l'harmonium. Elles peuvent, d'autre part faire étudier les morceaux et préparer ce qui doit être remis à l'organiste, si c'est une personne du dehors qui accompagne. Quand les Sœurs assistent aux Offices de la paroisse, elles se conforment aux pratiques établies pour se tenir debout, s'agenouiller, s'asseoir, etc. mais, dans leur chapelle conventuelle, elles doivent suivre les usages de l'Institut.

En cas de nécessité et en dehors des heures de classe, les religieuses peuvent sortir pour visiter les pauvres et les malades : mais, non, après le coucher du soleil. Autant que possible, elles doivent rentrer pour les Vêpres. S'il y a des malades à veiller, les Sœurs auront soin de se rendre de bonne heure dans les maisons, afin de ne pas se trouver sur les chemins pendant la nuit. Il est permis de conduire les pensionnaires à la promenade, quatre fois par an. (Chapitre général, août 1899). Pour des sorties plus fréquentes, si elles sont nécessaires, la Supérieure consultera la Mère Provinciale ou Vicaire, qui traitera directement avec la T. R. Mère Générale ; comme pour le soin des sacristies, les dépenses extraordinaires et les autres affaires plus importantes.

CHAPITRE XIX

Rien ne doit rebuter une Supérieure appelée par Dieu à exercer la Supériorité

La supériorité, il est vrai, est un office plein de labeurs et de sollicitudes ; c'est une lourde charge, dont la charité seule peut alléger le poids. Elle exige beaucoup de qualités et toutes les vertus. En effet, une Supérieure n'aura de pouvoir pour faire le bien qu'autant qu'associée à la divine Providence, elle participera à la sainteté, à la sagesse et à la bonté de Dieu. Pour cela, elle s'humiliera, se dépouillera d'elle-même, et fera entièrement régner en elle l'esprit du Seigneur. Une Supérieure se trouve dans l'obligation rigoureuse d'affermir son autorité par la dignité de sa conduite, l'empire sur ses propres passions, l'égalité de son caractère, la circonspection de ses paroles, et l'équité de ses jugements. C'est ainsi qu'elle rendra cette autorité plus efficace qu'elle la fera aimer par le suave attrait de ses exemples, le charme de sa bonté et la tendre sollicitude de son zèle.

Néglige-t-elle ces points essentiels et laisse-t-elle paraître la fille d'Ève, avec ses petitesses, ses misères, ses défauts ; se livre-t-elle à la vanité, à la jalousie et à la susceptibilité, se montre-t-elle enfin impatiente et colère, capricieuse et inconstante, indiscrète et partiale, c'en est fait de son autorité. Une Supérieure si imparfaite ne peut que ruiner les œuvres de Dieu, car un seul de ces défauts, quand il est habituel, lui enlève peu à peu la confiance et la considération dont elle a besoin pour faire du bien.

On conçoit qu'une telle charge, une telle responsabilité,

soit effrayante. et puisse être la source de beaucoup d'inquiétudes. de soucis et de peines. La Supérieure est le centre où tout vient aboutir; son cœur éprouve le contre-coup de toutes les souffrances de ses Sœurs: aussi doit-elle répandre sans cesse autour d'elle la lumière. la sainteté. la paix. la consolation et le bonheur. Mais en prodiguant ses soins aux autres, n'y a-t-il pas danger pour elle de négliger son âme et de la laisser tomber insensiblement dans la sécheresse et l'aridité ?

Quand une pauvre Supérieure réfléchit sur les difficultés de sa position et sur sa propre misère. quand elle pense au jugement sévère qui l'attend, ne doit-elle pas être tentée, comme Jonas, de se soustraire à la mission divine et de fuir un poste si périlleux ?

On ne saurait se sauver en se dérobant à la volonté divine, mais seulement en l'accomplissant. quels que soient les sacrifices qu'elle exige de nous. Une Supérieure doit donc dire généreusement. comme Jésus-Christ. son Divin Époux : *Ne boirai-je pas le calice que mon père m'a donné?* Elle doit se rappeler sans cesse que quand Dieu donne une mission. Il donne en même temps avec abondance les grâces nécessaires pour bien s'en acquitter : que refuser de faire valoir ces grâces pour le bien des autres. c'est imiter le mauvais serviteur qui laisse son talent enfoui. et mériter par là une rigoureuse condamnation.

Quand on considère attentivement tout ce que Dieu a fait, tout ce que Jésus-Christ a souffert pour le salut des âmes. pourrait-on refuser de se dévouer et même de se sacrifier pour elles? Le zèle n'est-il pas le fruit le plus précieux de la Croix ? Y a-t-il rien de plus agréable à Dieu et de plus méritoire pour le Ciel?

En cultivant les autres. on s'occupe moins de soi-même ; en remédiant à leurs infirmités. on peut se sentir comme entraîné par le poids de sa propre faiblesse : mais Dieu, qui est souverainement miséricordieux et bon. sait bien nous dédommager de nos pertes. nous récompenser de nos travaux et nous soutenir au milieu des tentations auxquelles nous sommes exposées pour sa gloire et le salut des âmes.

Dans l'exercice de la supériorité, on peut sans doute, malgré des intentions pures et une très bonne volonté, commettre bien des fautes de fragilité : mais le Seigneur qui nous aime nous les pardonnera, et elles nous aideront à croître en humilité, en confiance en Lui, en défiance de nous-mêmes.

Une Supérieure ne doit donc jamais abandonner le poste que l'obéissance lui a assigné. Elle ne doit jamais se laisser vaincre par les difficultés ni abattre par le découragement, mais puiser, dans la prière, la confiance en Dieu et l'abandon à sa sainte volonté, un dévouement et une force invincibles. Et fallut-il donner généreusement sa vie pour les âmes qui lui sont confiées, il n'y a pas à balancer, elle mourrait martyre de la charité.

Quelle mort plus précieuse devant Dieu ?...

CHAPITRE XX

Résumé et Conclusion

Nous ne pouvons mieux terminer qu'en ajoutant à ce que nous avons dit une lettre admirable de Fénelon, laquelle est un parfait résumé des devoirs d'une Supérieure. Chaque phrase peut fournir le sujet d'une très utile méditation.

LETTRE DE FÉNELON A UNE SUPÉRIEURE

« J'espère, ma chère Sœur, que Dieu qui vous a appelée à conduire vos Sœurs, vous ôtera votre propre esprit, et vous donnera le sien pour faire son œuvre. L'œuvre de Dieu est de le faire aimer et de nous détruire, afin qu'il vive seul en nous. Votre fonction est donc de faire mourir l'homme et d'aimer Dieu. Ne devez-vous pas mourir pour faire mourir les autres ? Ne devez-vous pas aimer pour leur inspirer l'amour ? Nulle instruction n'est efficace que par l'exemple ; nulle autorité n'est supportable qu'autant que l'exemple l'adoucit. Commencez donc par faire, et puis vous parlerez. L'action parle et persuade ; la parole seule n'est que vanité. Soyez la plus petite, la plus pauvre, la plus obéissante, la plus recueillie, la plus détachée, la plus régulière de toute la maison. Obéissez à la Règle, si vous voulez qu'on vous obéisse ; ou pour mieux dire, faites obéir, non à vous, mais à la Règle, après que vous avez obéi la première. Ne flattez aucune imperfection, mais supportez toutes les infirmités. Attendez les âmes qui vont lentement, vous courriez risque de les décourager par votre impatience. Plus vous aurez besoin de force, plus il faudra y joindre de douceur et de consolation.

« Puisque le joug du Seigneur est léger et doux, pourquoi faut-il que celui des Supérieurs soit pesant et lourd ? Ou soyez mère par la tendresse et la compassion, ou ne le soyez point par la place. Il faut vous mettre par la condescendance aux pieds de toutes celles que vous êtes chargée de conduire. Souffrez, ce n'est que par la croix qu'on reçoit l'esprit de Jésus-Christ, et sa vertu pour gagner les âmes. Les Supérieures sans croix sont stériles pour former des enfants de grâce. Une croix bien soufferte acquiert une autorité infinie, et donne bénédiction à tout ce que l'on fait. Il ne fut montré à saint Paul le bien qu'il devait faire qu'avec les maux qu'il devait souffrir. Ce n'est que par la souffrance qu'on apprend à compâtir et à consoler. Prenez conseil des personnes expérimentées. Parlez peu, écoutez beaucoup ; songez bien plus à connaître les esprits et à vous proportionner à leurs besoins qu'à leur dire de belles choses. Montrez un cœur ouvert et faites que chacune voie par expérience qu'il y a sûreté et consolation à vous ouvrir le sien. Fuyez toute rigueur ; corrigez même avec bonté et avec ménagement. Ne dites que ce qu'il faut dire, mais ne dites rien qu'avec une entière franchise. Que personne ne craigne de se tromper en vous croyant. Décidez un peu tard, mais avec fermeté. Suivez chaque personne sans la perdre de vue ; et courez après, si elle vous échappe pour s'écarter. Il faut vous faire toutes à tous les enfants de Dieu, pour les gagner tous. Corrigez-vous pour corriger les autres Faites-vous dire vos défauts, et croyez ce qu'on vous dira de ceux que l'amour-propre vous cache ».

CHAPITRE XXI

Examen de conscience pour une Supérieure

(Chaque Supérieure lira attentivement cet examen, au moins une fois tous les trois mois).

Comment ai-je envisagé la supériorité ? L'ai-je regardée comme établie par Dieu pour le bien des inférieures ?

Suis-je bien uniquement par la volonté de Dieu à la place que j'occupe ? M'en coûterait-il de descendre, et pourquoi ? Suis-je bien disposée, quand je ne serai plus Supérieure, à être la plus humble et la plus obéissante des religieuses ?

Ai-je bien compris l'étendue des fonctions d'une Supérieure ? Me suis-je bien rendu compte des qualités qu'elles exigent ?

Toute ma conduite est-elle inspirée, animée, dirigée par l'esprit de foi ? Suis-je véritablement une âme intérieure, et par conséquent une âme d'oraison ? Ai-je bien compris que, pour une Supérieure, la prière est le plus grand moyen d'administration; et l'union avec Dieu, la condition la plus indispensable pour bien gouverner ? N'ai-je point négligé l'oraison et la prière, pour les occupations extérieures de mon emploi ?

Ai-je compris que le gouvernement d'une Supérieure qui tient la place de Marie, notre très sainte Mère, doit être tout maternel ? Toutes mes paroles et toute ma conduite ont-elles respiré cette suave douceur dont Jésus et Marie nous ont donné l'exemple ? Ai-je su joindre la fermeté à la douceur, de manière à avoir une douceur ferme et une fermeté douce ?

Au milieu des peines, des labeurs et des soucis de la supériorité, ai-je su posséder toujours mon âme dans la patience ? Ai-je eu soin de déposer mes peines et mes ennuis dans les saints Cœurs de Jésus et de Marie, pour y puiser les consolations, la force et le courage dont j'ai besoin ?

Suis-je disposée à me dévouer pour le bien de mes Sœurs, autant qu'il est en mon pouvoir ? Mon amour pour elles a-t-il été sincère, profond, compatissant, généreux, efficace ? Mon dévouement a-t-il été toujours réglé par la prudence ? Ai-je bien compris que cette vertu est la vertu par excellence d'une Supérieure ? Me suis-je efforcée de l'acquérir, par la prière, la réflexion, et la pratique des hommes et des choses ? Ai-je eu soin d'éviter les défauts opposés à cette vertu : l'irréflexion et la précipitation ? L'indécision et la lenteur ? L'inconstance et la mobilité ? L'inflexibilité et l'opiniâtreté ? L'indiscrétion et la dissimulation ? L'astuce, l'intrigue, et une politesse mondaine opposée à l'esprit de Dieu ?

N'ai-je point eu trop de confiance en mes propres lumières ? Ai-je recouru volontiers à celles de mes Sœurs ? Ai-je soin de tenir régulièrement le Conseil ? Ai-je soin de le préparer ? Sais-je le présider, le diriger, et en tirer tout le fruit qu'il doit avoir ? N'ai-je point négligé ce grand moyen d'administration ? Voulant tout conduire par moi-même, sans contrôle, n'ai-je pas regardé le Conseil comme un embarras ?

Si le Conseil n'est point ce qu'il doit être, s'il pèche par excès, ou par défaut de liberté, n'est-ce point ma faute ? N'ai-je point fait des confidences à des séculières sur les affaires de la Communauté ?

Voulant être obéie de mes inférieures, ai-je été obéissante moi-même à mes Supérieurs ? Toutes mes paroles, toutes mes actions ont-elles témoigné de cette obéissance ?

Ai-je fait observer exactement le respect envers les premiers Supérieurs ? N'ai-je point permis, ou toléré, qu'on critiquât leurs personnes, ou leur administration ? Mes rapports avec ma Supérieure-Générale ont-ils été ce qu'ils devaient être ? c'est-à-dire pleins de franchise, de confiance, de docilité et d'abandon filial ?

Ai-je accepté avec une parfaite soumission à la volonté de Dieu les sujets qui m'ont été donnés ? N'ai-je point fait, à cet égard, des observations dictées par des préventions injustes ? Au lieu de m'attrister, de me décourager, de murmurer peut-être, à cause des défauts de certains sujets, ai-je cherché vraiment à en tirer le meilleur parti possible ? Ai-je fait tous mes efforts pour les former avec douceur, patience et charité ?

Ai-je regardé le soin de la maison dont je suis chargée comme mon premier devoir, mon devoir par excellence ? Y ai-je fait régner la régularité, le silence, l'union des cœurs, l'ordre et la propreté, la pauvreté religieuse et une sage économie, l'obéissance et la charité ? N'ai-je point négligé ce soin essentiel pour des occupations étrangères moins importantes ?

Ne me suis-je point livrée à une trop grande activité pour le temporel ? N'ai-je point négligé les études ? Ai-je bien compris que l'ascendant d'une Supérieure vient surtout de l'autorité morale et, par conséquent, de la science et de la piété ? Ai-je bien préparé les conférences spirituelles et religieuses pour les rendre intéressantes et vraiment utiles ?

Ai-je bien compris quelle doit être l'action d'une Supérieure dans sa Communauté ? N'ai-je point voulu trop faire par moi-même ? trop embrasser, empiéter sur les fonctions des autres, au lieu de me contenter de les diriger, les éclairer et les soutenir ? Ai-je été, cependant, toujours prête à partager le fardeau, s'il était trop lourd ? Me suis-je appliquée à faire régner partout l'ordre et la bonne harmonie ? N'ai-je point semé le trouble et la confusion par mon agitation et mon activité naturelle ? Ai-je corrigé les abus avec modération et charité ?

Me suis-je rendu compte quelquefois de mon administration, comme Dieu m'en demandera compte un jour? Chaque soir me suis-je demandé : Ai-je fait aujourd'hui à mes Sœurs tout le bien que je pouvais leur faire? Ai-je cherché sincèrement et devant Dieu à m'éclairer sur mes défauts et sur ceux de mon administration? Ai-je demandé de temps en temps, à cet égard, les sages conseils de mes premières Supérieures? N'ai-je point craint, au contraire, leurs observations ; et si elles m'en ont fait, les ai-je reçues avec humilité et bonne volonté? Ne me suis-je point irritée, aigrie, démoralisée? N'ai-je point cherché mal à propos à me justifier? N'ai-je point ensuite, par mauvaise humeur et par dépit, demandé à mes Supérieures de me décharger de la supériorité, ne craignant pas de les mettre dans l'embarras?

N'ai-je cherché en tout et partout que la plus grande gloire de Dieu et le plus grand bien?

Tenant la place de Dieu, ai-je été véritablement son image vivante? Associée à la Providence divine, me suis-je efforcée de participer à la sainteté, à la sagesse et à la bonté de Dieu? N'ai-je point montré, au contraire, la fille d'Ève avec ses misérables passions et petitesses?

Me suis-je souvent humiliée devant Dieu, et quelquefois devant mes Sœurs, pour mes faiblesses et mes infirmités? Tout en m'humiliant, ai-je fait tous mes efforts pour me corriger, me perfectionner et me rendre moins indigne du poste que j'occupe?

Pour m'aider et me soutenir au milieu des peines et des travaux de chaque jour, me suis-je souvenue que je suis la fille de Marie et sa représentante dans la charge qui m'est confiée, que c'est son Œuvre que je fais en me dévouant pour sa chère famille religieuse: ai-je compté sur sa protection? L'ai-je implorée avec confiance? Quand je me suis sentie accablée et à bout de forces, me suis-je dit à moi-même : C'est au pied du trône de Marie, ma Mère, que je me reposerai?...

APPENDICE

LA JOURNÉE RELIGIEUSE

EXAMEN QUOTIDIEN ET BULLETIN MENSUEL DE RÉGULARITÉ

Sub tuum praesidium

(Etablir le tableau suivant. Y mettre chaque dimanche une note approximative, afin de pouvoir plus aisément, à la fin du mois, se rendre compte du progrès ou du déficit, par des notes de convention. — Quatre signes suffisent : TB, très bien — B, bien - P, passable — M ou O, mal ou omis).

Points d'examen. — Lever. — Prière et méditation. — Sainte-Messe. — Communion. — Office. — Emploi. — Examen de prévoyance. — Particulier. — Général. — Repas. — Récréation. — Etude. — Travail manuel. — Lecture spirituelle. — Chapelet. — Visite au Saint-Sacrement. — Oraisons 'jaculatoires. — Egalité d'humeur. — Renoncement. — Silence. — Humilité. — Obéissance. — Charité. — Modestie religieuse. — Pauvreté. — Fidélité aux petites choses. — Douceur. — Patience. — Ordre et propreté. — Exactitude.

Durant le mois de....... je devais surveiller.......
En employant tels moyens.......
Il y a progrès sur.......
Il y a déficit sur.......
J'attribue ce déficit à......
Durant le mois de....... je surveillerai.......
En employant tels moyens.......

TABLE DES MATIÈRES

Lettre de la T. R. Mère Marie du Saint- Rosaire, Supérieure générale 5

CHAPITRE I. — Importance d'un Directoire 7

— II. — Avis aux Supérieures 8

— III. — But de la supériorité 8

— IV. — De la voie légitime pour arriver à la supériorité 9

— V. — Fonctions principales des Supérieures . . 10

— VI. — Qualités des Supérieures 11

— VII. — Esprit de foi de prière et d'adoration . . 12

— VIII. — De la douceur et de l'humilité . . . 14

— IX. — De la fermeté 16

— X. — Du zèle pour la plus grande gloire de Dieu et la sanctification des âmes . . . 18

— XI. — Plusieurs autres qualités nécessaires au zèle d'une Supérieure, afin qu'il soit parfait dans ses voies, comme dans son principe et dans sa fin 20

— XII. — Recommandations spéciales aux Supérieures, touchant l'exercice du zèle 24

— XIII. — De la prudence et de la discrétion . . . 27

— XIV. — De l'obéissance aux premiers Supérieurs . 30

— XV. — De la régularité et du bon exemple . . 32

— XVI. — Du maniement des esprits et de la correction des abus 34

— XVII. — De l'établissement et de la direction des Œuvres, surtout dans les Missions étrangères 37

— XVIII. — Avis pour les Écoles, les Pensionnats, et les diverses Œuvres de nos monastères . . 41

— XIX. — Rien ne doit rebuter une Supérieure appelée par Dieu à exercer la supériorité . . . 45

— XX. — Résumé et conclusion 47

— XXI. — Examen de conscience pour une Supérieure . 49

APPENDICE. — La journée religieuse 53